私のポジション

「沖縄×アメリカ」ルーツを生きる

はじめに

ハーフ、ダブル、ミックス……、アメリカ系ウチナーンチュ。

みなさんが耳にして、しっくりくる言葉はありますか?

この本に収録した新聞連載を書いている時、「多様なルーツをどう表現するのか。沖縄中で議論できたらいいのに」と何度も思いました。

本に出てくる人たちは、第二次世界大戦が終わって70年の間に、沖縄に駐留したアメリカ兵や米軍基地で働いた民間人と、沖縄の女性の間に生まれた人たちです。

「『ハーフ』って、私は半分なんかじゃないよ」

「『ダブル』と言われるなんて迷惑。私はみなさんに期待されても英語は話せない。アメリカ人のお父さんの顔や名前さえ知らない。『架け橋になって』

なんて押しつけがましい」

「『ミックス』ってなんか、犬みたい」「どこのルーツかわからなくて、なんか違うなって思う」

「私はウチナーンチュです」

「アメリカ系ウチナーンチュって言ってください」

「そんなの気にしない」


出会った人たちは、それぞれ違う思いを語りました。

この本の中では、〝ハーフ〟や「アメリカ系ウチナーンチュ」と括弧を使って表記しています。

そもそも、そんな呼称が必要なのか——。

呼び名は、一緒に生きる多様な人たちを社会がどう受け止めているか、じっくり考える糸口にもなると思うのです。

◆目　次◆

本書は２０１４年12月8日～２０１５年8月31日に掲載された連載企画「私のポジション　戦後70年　沖縄で」をまとめたものです。年齢は連載当時のものです。

私のポジション

「沖縄×アメリカ」ルーツを生きる

マスミ・ロドリゲス（タレント）

どちらでもない自分

「良い時は『ウチナーンチュやっさー』と言われるけど、悪い時は『やなアメリカーやー、はごーさぬ』と言われる」と話すマスミ・ロドリゲスさん＝2014年11月21日、北谷町内

「えー、マスミー。いゃーがうちなーぐち、日本語、英語まんちゃーしてあびるから、わったーぬ立場ねーらんしが（お前が沖縄の言葉と日本語、英語も操ってしゃべると、私らの立場がないんだよ）」

20年ほど前、那覇の国際通りを歩いている時だった。当時、沖縄のローカルラジオ局「FM沖縄」の番

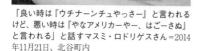

組「ポップンロール・ステーション」でＤＪをしていたマスミ・ロドリゲスさん（49）は、すれ違った男性の言葉で足を止めた。一見、外国人のような日本人離れした顔つきだった。「同じハーフだけど、英語がしゃべれないハーフは立場がない。彼なりに苦しい思いをしたんだと思う」。男性の言葉に「仕事の一つなんです。ごめんなさい」と返した。

自分のことを「Ｍｅ（ミー）」と呼ぶ。「Ｔｈａｎｋ Ｙｏｕ（テンキュー）」「Ｂｙｅ（バイ）」という英語に日本語、うちなーぐちを織り交ぜたハスキー声の語り。テンポよい話術で今も結婚式などの司会をしている。

沖縄がまだ米統治下の１９６５年、コザ（現・沖縄市）に生まれた。海兵隊員だった父・マイロンと母・スミコから「マスミ」という名を授かった。マイロンは当時20歳。米兵と駐留先の女性との結婚は厳しかった。若かったマイロンとスミコは籍を入れず基地の外で一緒に暮らした。３歳を過ぎたころ、母は別れ、マイロンはアメリカへ転属した。

美里村立宮里小学校２年の１学期、担任がみんなの前で指さし「マスミー、あんたたちアメリカ人がウチナーンチュを全部殺したんだよ」と言葉を放った。同級生は「マスミー、一緒に帰ろうか。でも一緒に帰ったことは誰にも言わないで」。外を歩けば険相な顔をした大人に「ヤンキー、ゴーホーム」「アメリカー」と言葉と石を投げつけられた。いじめられる理由はよく分からなかったが、言われた言葉は鮮明に覚えている。「アメリカンスクールに行きたいと母に言っていたみたい」と話すが、自分でSOSを出した記憶はあまりない。母の再婚で養子に入った父の元でアメリカンスクールに転校した。いじめは一切なくなった。

7歳のころ、養父の転属のためアメリカへ移り住み、中学入学前に沖縄へ戻った。「日本の学校に行きなさい」という母の勧めを拒否し、「大丈夫。仕事するから」と私立の沖縄クリスチャンスクールに進んだ。月謝を払うため16歳からベビーシッターの仕事をし、高校進学後は交通費を抑えるため宜野湾にアパートを借りて家賃も払った。学校以外の時間をマクドナルド、ジミーでのバイトに充てた。夏休みは万座ビーチで朝7時から働き、夜10時まで残業した。

20歳の時。実父方の祖父母へ送った手紙がきっかけとなり、アメリカでマイロンと再会した。「いつか沖縄に来てマスミを捜したかった」。17年ぶりに会ったパパの元にも居場所を見つけたと感じた。

「ウチナーンチュになりたくてもなれないな」

やがて英語と日本語、うちなーぐちを話せる人として注目され、DJや司会の仕事を始めた。だが、そこでも大人は矢を向け、心ない言葉を投げつけた。ある企業のトップに「男みたいな名前だな」と問われた時、名前の由来を話し「親の愛をもらって生まれたと私は信じているので」と答えた。すると、こう返された。「すてきな名前だな。お前は捨てられた方じゃないんだ」

今も結婚式の司会で英語を話して静まり返ると「ぐすーよー」とうちなーぐちに切り替える。すると会場から「英語上手だね。うちなーぐちも使ってウチナーンチュだね」と声が上がる。

実父・マイロンさんと0歳のころのマスミさん。母スミコさんが写っていたが、母が破った写真=1965年ごろ

ウチナーンチュかアメリカ人かは「フィフティ・フィフティ（五分五分）」だ。「『どっちね？』と聞かれると『お父さんかお母さんを選びなさい』と言われている気がする。でも……」。一呼吸置き、続けた。「頑張ってウチナーンチュになろうと思ってもなれないな、とも思う。いろんな思いをしてきたせいかな」

大人になり「マスミー、覚えているか分からないけど宮里小学校1年生の時、同級生だったんだよ。あの時はいじめてごめんね」と声を掛けられることがある。だが「子どもは悪くない。周りの大人が『アメリカーだから友達するな』と言ってきた」と話し「今、隠さずに自分の経験を話さないと、同じ目に遭う子がいるかもしれない」と静かに言った。

大城 智代美

（豊見城市）

内外に敵「強くなる」決意

大城智代美さん（49）＝豊見城市。1965年、具志川村（現・うるま市）に生まれた。沖縄からベトナム戦争へ行った米兵の父には会ったことがない。育ての親ときょうだい、祖父母らの元で育った。言葉に力を込めて「インターナショナル島ぐゎーさ」と自分を語る。

母は生活のため米軍基地で働き詰めだった。生後2カ月で同じ具志川に住む知人の家に預けられた。母は時々、様子を見に訪ねてきた。

就学を前に5歳で嘉手納村（現・嘉手納町）の祖父母の家へ移った。幼稚園で初めて言われた「クロンボー」という言葉。訳が分からず、おじーに聞くと「ありあり、いゃー、しっちーココアびけー飲むぐとぅやさ（しょっちゅうココアばかり飲むからだよ）」と返ってきた。

嘉手納基地に配備されていたB52戦略爆撃機の撤去*が叫ばれていた時代だった。嘉手納村立屋良小学校に入学すると、学校では「B52！　帰れ、帰れ」とやじられる日々。

いじめはエスカレートするばかりで、給食当番をしたら「お前が入れたら黒くなるし、汚いから当番するな」と言われた。熱を出して学校を休んだ日に、先生が「智代美が入るとプールが汚れるから、智代美に言わないで、みんなは水着を持ってきて」と呼び掛けていたことを後から知った。

「外も敵、中も敵」。学校から泣いて帰れば、おじーは「あいえーなー、嘉手納

「お守り」と言って持ち歩く父のネームダグ。父とは約17年前に再会しようと試みたが、かなわなかった＝2014年12月８日、豊見城市内

用語解説

B52戦略爆撃機の撤去　アメリカ空軍に採用された戦略爆撃機。1968年２月から嘉手納基地に配備され、ベトナム戦争が続いていた南ベトナムへ出撃した。ベトナムの人々には「死の鳥」と恐れられた。1968年11月19日、嘉手納基地内で墜落・炎上事故を起こし、沖縄の民衆から撤去を求める抗議の声が大きくなった。３万人を集める県民総決起大会などが実施され、1970年10月６日に嘉手納基地から撤去された。

飛行場もうるさいのに、いゃーも（あんたも）うるさい」と怒った。毎日が苦しかった。

ある日、アメリカ製の漂白剤を3本入れた湯船につかり、タワシで体をゴシゴシこすった。やがて全身がやけどのように赤くなった。「こんなに痛いくらいだったら、このままでいいよー。ちゅーばー（強く）ならんといけん」と決めた。

このころ、兵士姿の父の写真を焼き捨てた。周りから投げつけられる「チビクロサンボ」などの言葉が「父の姿を見たくない」という憎しみに変わっていた。今では貴重な写真だったと後悔している。

過酷な子どものころを振り返り、おじーに「ありがたい」と思う。強くなれたから。でも「みんながみんな強いわけじゃない。同じ思いは自分たちだけで十分」。未来に生きる同じ境遇の子に、同じことが起きないように過去を明かす。

差別、本土の沖縄抑圧と同じ

「本土と沖縄の関係と一緒よ」。大城智代美さんの目にはそう映る。本土が沖縄を抑圧するように、沖縄社会は日本人とアメリカ人の親を持つ子どもや、その家族を差別してきた。

そう言いながら母に思いをはせる。

母は米兵だった父を好きになったが、父には既に家庭があった。沖縄からベトナム戦争へ行った父は、智代美さんが生まれて3カ月ごろまで仕送りを続けた。母はやがてアメリカから父が迎えにくると思い、住んでいた家を引っ越し、身を潜めた。「おじーやおばー、家族を置いてアメリカに行けない」と決断したからだった。

0歳のころの大城智代美さんと母=1965年

5歳から18歳まで祖父母の家で育った智代美さん。高校を卒業し、本土に出て働くころも、母のことを理解できずにぶつかっていた。

ある日、名古屋で友達の家を訪ねていた時、別の知り合いが通りかかった。翌日、その知人が怒鳴りかかってきた。「なんであんな人と付き合うか？　チョンコだぞ」。朝鮮人差別だった。

18歳で沖縄から出たばかりだ。「チョンコ」の意味も怒られる訳も分からない。「沖縄でみんなが私にしていることと、あんたがやっていることは一緒だよ。なんで、大人の社会でそんなことする?」。泣いて抗議した。大阪では沖縄出身者への差別を体験した。

沖縄の基地みたいにフェンスで囲まれているわけではない。見ただけで違いが分からない。なぜ? 「アメリカーの子ども」と言われ、肌の色でいじめられた自分と違う差別を目の当たりにし、問い続けた。

次第に母の境遇を思うようになった。嘉手納の祖父母に自分を預け、具志川で別に暮らす母もまた「アメリカーの子を産んだ」という地域の冷たい視線から逃げていたのかもしれない。「隠れて生活しないと苦しかったんだ」

実は4、5歳の時、米軍基地内の家庭に養子に出されかけたことがある。

結局、智代美さん自らが一日で基地を抜け出したのだが「養子に出したのは、子どもを守りたいというお母さんの愛情だった。大きくなったら帰って来てほしいと望んだと思う」と、自らが母親になった今、当時の母の思いを想像し、語り続ける……。

■差別ない「普通」が夢

約30年前。興南高校に通っていた大城智代美さんに友人が言った。「ちよみー。あんたみたいなチュラカーギー（美人）が生まれたら上等さ」〝ハーフ〟の子を生みたい、子どもがいじめられたら自分が守る、これからの時代は社会の価値観も変わるから大丈夫だと友人は言う。

大城智代美さんと0歳のころの長男。「どんな人と結婚して、どんな孫が生まれるかな」と2人の息子の将来を思う＝1997年11月20日

「子どもって親の所有の動物じゃないよ。心あって、心が泣いて、叫びながら成長するんだよ。あんた受け止めきれるの？」と言い返した。

高卒卒業後、名古屋と大阪で働き、30歳で沖縄に戻り、結婚した。子どもを授かり、いざ自分が母になるとき「子どもも自分と同じ目に遭うのかな？」と怖くなった。ランドセルに泥を入れられていじめられた小学生時代、「白く生まれたかった」と何度も思った中学生のころの感覚がよみがえった。

それでも勤めていた会社の社長から「おじーとおばーに育てられたように自分の子どもを育てたらいいさ」と言われて勇気をもらい、産んだ。

わが子に「ルーツを伝えてあげたい」と思い、初めて父親探しを始めた。唯一持っていた父のネームタグ（米軍時代の名札）をアメリカにいる知人に託し、弁護士を通して探した。父と同じ名前の息子をニューヨークに見つけ、父は入院していると聞いた。だが、弁護士の接触に、息子は〝拒否〟の意志を示した。会うことはかなわなかった。「子どもが生まれたと伝えてほしい」と言付けだけをした。

ある日、6歳になった息子が幼稚園から帰って「アメリカ人って言われる」「いじめられるから学校に行かない」と訴えた。「B52出て行け！」といじめられた幼少期がよみがえり、身につまされる思いがした。子を持つ母として不安が募った。

戦後70年。沖縄は今も米軍基地の矛盾を押しつけられ、「基地、出て行け」が叫ばれる。一方で、テレビや雑誌など華やかな世界に〝ハーフ〟が多く登場するようになった。「『ハーフの子どもが欲しい』という安易な声は危なっかしい」と言う。そして「社会は

『アメリカーの子ども』といつまで言い続けるのか」と問い掛ける。

見た目やルーツで差別も区別もされず普通に生きられる社会が「私の夢」と断言する。いずれ子どもに家族ができ、孫が生まれる時代が来る。「生まれた命は重いから」。夢見る社会の実現を願っている。

武田　誠（うるま市）

〝3人の母〟の愛で育つ

「ハーフだからといっていじめられたことはない」と語る武田誠さん＝2014年12月28日、宜野湾市内

「かっこわりぃ」

最近初めて、幼いころに送られてきたアメリカ人の父からの手紙を見た武田誠さん（53）＝うるま市＝はそう口にした。「忙しくて手紙も出せなくてごめん」という父の一言に、「言い訳がましくて、結構笑っちゃったけどよ」とあっけらかんと語る。

父とは2歳まで一緒に住んでいた。手

紙は沖縄を離れ、異動先のヨーロッパから届いたもので、タイプライターで一字一句きれいにつづられていた。

1961年、具志川村（現・うるま市）で生まれた。「自分の顔って普段、見えないさーな。ハーフだからといって、いじめられたこともない」と話し、自分のルーツを「気に留めたことがない」と話す。アメリカ人の父親にも「全く興味がない」。手紙を見たのは、同じ境遇の仲間と話が盛り上がったことがきっかけだった。

鹿児島県の奄美出身の母は、終戦間もないころ、沖縄にやって来た。漁師をしていた兄の船で遊びに来て、そのまま移り住んだ。CID（米陸軍犯罪捜査部）の刑事だったという父と、どこで出会ったかは聞いたことがない。「親の恋愛に興味なんかないもんね」と笑う。一方で「籍を入れてなかったんじゃないかな」と話す口調には、息子として母への「聞きづらさ」も入り交じる。

幼いころから周りに溶け込んだ。洋裁を仕事にした母の元には、洋服の注文に来る人がいつもいっぱいだった。自宅は「婦人会のたまり場」のようににぎわった。母が本当の姉妹のように親しくしていた2人の女性と、その家族にかわいがってもらった。具志川村立兼原小学校に入学すると、忙しい母に代わって、教師をしていた母より年上の女性が勉強を教えてくれた。

役場は遊び場。役所で働いていた母より年下の女性と、その周りの人たちが一緒に遊んでくれた。当時の新垣幸蒲具志川市長と闘牛を観戦することもあった。「おかあが3人もいたからよ。みんなに構ってもらったから、父親がいないという寂しい感じがなかった」

いま振り返って「恵まれた環境だった」と感じる。中学ではやんちゃをし、高校生のころにはレコードを聴き、バイクや車に夢中になった。やがて、音楽を糸口に、米兵たちでにぎわうコザと関わりを持ち始める。「ウチナーンチュ」として。

ルーツ否定しない人生を

33年前。週末の夜、米兵でにぎわう沖縄市。まだ、照屋の黒人街と胡屋を中心とした白人が集まるエリアとがはっきり分かれていた時代だっ

用語解説

照屋の黒人街と胡屋周辺の白人街* 南北戦争後もアメリカでは人種差別を正当化する法制度が残り、黒人への差別は続いていた。沖縄の米軍基地や軍隊内部でも、その構造は変わらず嘉手納基地周辺の飲食街も、黒人が集まる照屋と、白人が闊歩する胡屋に分かれた。アメリカ本国で公民権運動が激しくなると、コザでもデモ行進があった。時折、街中で白人と黒人が対峙する場面もあった。

「音楽に国境もジャンルもない」と語る武田誠さん。〝ハーフ〟の生き方も「千差万別」と言う＝2015年1月18日、沖縄市中央の「ローリングストーンズ」跡

た。ロックミュージックがかかる沖縄中央のパルミラ通りのバー「ローリングストーンズ」で、店を仕切る当時20歳の武田誠さんの言葉が響いた。

「はー？　ぃやー、たーんかいむぬあびとーが（誰にものを言っているんだ）」

初めて来る米兵の客が英語で話し掛けてくると、こう返した。「Ｗｈａｔ？」と聞き返されても、うちなーぐちか日本語で話し続ける。

「ここは日本だから、少しは日本語を勉強しておいで」。周りの客が通訳して伝えると、米兵らは「あぁそうだね」という顔をした。

大学に入ったころ、地元の人が踊りに来るクラブのＤＪを経て、ローリングストーンズで働き始めた。経営者は米兵を客に商売するために「犬と人間の関係と一緒。下手《したて》に出たら、つけ上がるから。店で暴れさせないためには、こっちが強いっていうのも見せなさいよ」と教えた。なじみ客とは、簡単な英単語だけでやりとりをした。

「ウチナーンチュ」として生きている。今も〝ハーフ〟として、英語を話せるかどうかなんて気にしない。むしろ「沖縄で、この環境で生きていくのに必要あるの?」と問う。初めて会う人が「日本語が上手ですね」と言えば、仲間と笑い飛ばす。「アメリカは自分の原点にもない」からだ。

ジャズバーの店を経て、現在は音響や照明、映像の仕事をしている。「俺、結構島国《しまぐに》根性《こんじょう》丸出しでよ。ヤマトに負けたくない。アメリカも眼中にない」と言い切り「沖縄に貢献したい」と仕事に精を出す。

一方で、年を重ねるにつれ、強くなる思いがある。自らは「ハーフだから」といじめられることはなかったが「上の世代の人たちは苦労してきたと思う。もしかしたら、今も大変な思いをしている子がいるかもしれない」ということだ。

「俺たちは生まれ直すわけにはいかない」

それぞれがルーツや生き方を否定せず、生きられる道筋を一緒に考えたい。「もし、アメリカ系ウチナーンチュに生まれて、見た目や育った環境故《ゆえ》に不利があるなら、俺にも何かできることがあるのかなぁ」と思っている。

タムリンソン・マリサ（読谷村）

言語は生きる〝ツール〟

「ハーフはいいね、日本語も英語もペラペラ話せて」。これまで、タムリンソン・マリサさん（27）＝読谷村出身＝が言われてきた言葉だ。マリサさんは言う。「ハーフはバイリンガルじゃないといけないのか」。そして「言語はそう簡単じゃない」と。

米陸軍兵の父と沖縄出身の母の下にアメリカで生まれた。4歳の時、両親の離婚で母と沖縄に移った。母は「これからは英語」という教育方針で、英語で会話し、マリサさんをアメリカンスクールへ入れた。

ところが入学後間もなく、マリサさんは「日本の学校に行きたい」と訴えた。「お母さんとおばあちゃんが話す言葉と同じ言葉がしゃべりたい」と思った。「絶対に後悔するよ」と何度も言い聞かせた母の姿を今も覚えている。

小学校1年生の途中で沖縄市立諸見小学校に転校した。「日本語を使えなかったら生きていけなかった」と振り返る。友達ができない。漢字も読めない。毎日泣いて日本語を勉強した。

それでも周りは多くの場面で「英語」を押しつけた。どこに行っても最初に「英語できるの？」と聞かれる。「なぜ英語の話？」と反発した。

「昔の自分は言語に翻弄された」と振り返るタムリンソン・マリサさん＝2014年12月19日、北谷町内

中学生になり、英語のテストで良い点数を取れば周りは「やっぱり。ハーフだからね」と言った。「努力は認められない」と感じた。わざと100点を取らないようにした。

高校生のころ、友達は「留学したい」と将来の希望を口にした。マリサさんが同じことを言えば「ハーフなのに留学したいの？」と返された。英語や留学を「好きでできる周りがうらやましかった」

高校3年生になり進路を考えながらも「アメリカ人、それとも日本人？」と悩み続けた。そんなマリサさんを見ていた担任がある日「もう逃げられないから。今向き合うか、本当にスパンと切るか、どっちかにしなさい」と言った。

言語はアイデンティティーかツール（道具）か――。「昔の自分は言語に翻弄《ほんろう》された」と振り返るマリサさん。今は「ツールだと思う」と言い切る。

マリサさんを変えたのは担任の言葉が始まりだ。高校卒業後、琉球大学で言語学を学び、大学院修士課程まで〝日米ハーフ〟を研究する道へ進む。

泣いて書いた父への手紙

高校3年生の時の担任が、タムリンソン・マリサさんに伝えた言葉には続きがある。「今、英語を自分から切り離したら、お兄ちゃんにもお姉ちゃんにも、お父さんにも会えないかもよ」。担任は、英語がアメリカにいる家族とつながるための〝つて〟になると語った。

琉球大学入学後も依然、周りからの「ハーフ」と「英語」という言葉に悩まされた。いつしか「お父さんは、何考えているんだろう。会いたいな」と思うようになった。大学2年を終えたころ、父を捜すため休学した。4歳まで一緒に暮らした情報を頼りに居場所を突き止めて連絡したが、返事は来なかった。

そのころ、米軍普天間飛行場問題に揺れる沖縄を取材で訪れていた米紙ワシントン・ポストの記者に会い、自分の人生を話した。記者は「面白い」と、マリサさんの話を記事にした。

記事は"Identity issues permeate in Okinawa"（沖縄に染み渡るアイデンティティー問題）という見出しでワシントン・ポストの一面に載り、アメリカ、そして沖縄の米軍基地内でも発売された。直後、アメリカにいる父親から手紙がきた。"What are you doing?"（お前、何してるんだよ?）。離れて以降、初めて連絡を取った父は記事に載ったマリサさんにいら立っていた。

「That's what you get!(あんたが招いたことだよ!)。アジア人だからってなめるなよ」。泣きながら、震える手で返事を書いた。言いたいこと全てを詰め込んだ。

父とはその後、仲良くなった。負けず嫌いで必死に勉強して身に付けた英語を「なんで

沖縄に移り住み、エイサーなどの沖縄の文化に自然と囲まれて暮らすようになった5歳ごろのタムリンソン・マリサさん＝1992年ごろ、読谷村内

こんなにしゃべれるの？」と聞かれたこともある。会いには行かなかった。「飛行機代を自分で払って来いって言われて。じゃあ、いいやと思った」

さらっと当時を振り返る語り口。マリサさんをそう変えたのは、残りの休学期間の体験だ。それまではアメリカ人も、アメリカンスクールに通っている〝ハーフ〟も「うらやましい存在」としか見られなかった。

だが、新たに人に出会い、相手を知った経験が「マリサはマリサでいいんだ」と変える転機になった。

〝ハーフの生き方 発信へ〟

20歳のころ。タムリンソン・マリサさんは初めて出会う人に人生を聞くインタビューを始めた。父を探した後、やることがなくなった時、友人が「いろんな人のライフヒストリーを聞いてごらん」と助言してくれた。

その時に出会った同年代の〝ハーフ〟の子が口にした。「日本の学校に行った子がうらやましい」。驚いた。アメリカンスクールに行った人が〝勝ち組ハーフ〟と思い込んでいた。「me、me（私、私）ばかりじゃなくて、相手のことも知らないといけない。みんな悩んでいたんだよね」

インタビューをした経験はマリサさんを変えた。以前は周りを気にし、英単語も日本なまりの発音で話していたが、自然と英語が混じって話すようになった。どのような言語を話そうとも自分なりのスタイルをつくればよいと考えた。

琉球大学の大学院に進み〝日米ハーフ〟50人にアンケートとインタビューをした。

「英会話教室に通って、母と英語で会話するのが楽しみだったけど『将来のためだよ』

多国籍・多文化をルーツに持つ人が集まる「ミックス・ルーツ」のイベントにも積極的に関わったタムリンソン・マリサさん＝2012年10月

と言われて辞めた」「『ハーフなのに英語も話せないのか』と言われた」……。明かされる過去には自分と似た体験もあった。

一方で「ハーフはかわいそうとか、かわいいねって日本人は言うけど、特別扱いで指をさされているみたい。結局、ハーフの研究や本を読んで楽しんでおしまいでしょ？」と言われ、研究のためのインタビューを断られたこともあった。

マリサさんは語る。「どんどんハーフは増える。クオーターも増えていく」。２０１３年に沖縄で米国人の父と日本人の母の間に生まれた新生児は３０７人。20年前より１１３人増えた。厚生労働省の把握分だ。「本当は日本政府も何人いるか分からない。基地内の病院で生まれる人、父親に認知されていない人もいるから」と説明する。

〝日米ハーフ〟の研究は終止符を打ったが目標がある。〝ハーフ〟が沖縄で生きやすくなる方法やメッセージを本や映画を作って発信したい。「沖縄に住む限り、自分の子どもとか親戚、友だちが外人さんと結婚する可能性は高いさ。ハーフやクオーターが身近になるかもしれない。その時に何か助けてあげられるのでは」と話す。〝ハーフ〟の自分と向き合って強くなったから、将来、沖縄で自分がやるべきことは決まっている。

大城 貞夫（沖縄市）

コザの変遷、レンズ通し見る

米軍嘉手納基地の第2ゲートから広がる街、コザ。大城貞夫さん（64）＝沖縄市＝は1950年、この地に生まれた。第2次世界終結の敗戦から5年後だ。貞夫さんはアメリカと沖縄が共存する場面を生きてきた。

建築技士だった父・ダンは戦後焼け野原となった沖縄の建築ラッシュで来た。米軍基地内の施設を建てる仕事をし、軍雇用員だった母と出会った。貞夫さんが生まれ、家族は園田に瓦屋の家を建てて住んだ。仕事が忙しい父はたまに帰ってくると、基地から砂糖やミルク、ごちそうを持ってきた。クリスマスには基地からもらったチョコレートを近所に配った。

諸見小学校に入学した。当時はまだ「合いの子」などと呼ばれていた〝ハーフ〟は米軍基地が隣り合う土地柄、珍しい存在でなく、学級に2、3人いたと記憶している。

ルーツと体験から「一番コザらしい」と自らを語る大城貞夫さん＝2月5日、沖縄市美里のサイン沖縄

名前は片仮名じゃないから目立たない。「いじめられることは割と少なかった」と話すが、「すごく怖がりで、いじめられそうな場所には行かなかった。だから被害が少なかった」と記憶をたどる。

小学校4、5年生のころ、世界を学ぶ授業で、差別や偏見について先生がこう説いた。「いじめたり、間違ったことを言ったりするのは、勉強していないということ。勉強していけば偏見はどんどんなくなる」

周りには「何かあったら僕が助けるからなー」と声を掛けてくる友達も多かった。友達と環境に恵まれた。

幼稚園に上がったころから、父・ダンは家に帰らなくなっていたが、時々顔を見せに来ていた。

小学校4年生の時、父・ダンにコダック製の8枚撮りカメラを買ってもらった。「カメラを向けると自分は第三者。レンズを通して物を見ると、黒子みたいな気持ちになるんだよね」と笑う。

小学校、中学校、高校と写真に熱中した。街を練り歩く照屋林助さん、子どもたちが乗るおもちゃの車に、米軍の将校たちがお金を賭けて速さを競わせ盛り上がったソープボックスダービー*（石けん箱レース）。コザに集まる人と街の一瞬一瞬をカメラに収め、変遷を見てきた。

だが、20歳の時、コザの歴史に残る一夜ではシャッターチャンスを逃し、〝当事者〟になってしまった。

コザに残る「違い認める力」

「色濃かった」。大城貞夫さんはかつてのコザを回想する。沖縄がまだアメリカの占領下のベトナム戦時代。「Aサイン*」を掲げた店が並び、ネオンが瞬いた。那覇から来る客や基地のゲートから繰り出す米兵、手招きする店員でごっ

用語解説

ソープボックスダービー　動力を持たないカートで行うレース。1934年にアメリカ・オハイオ州で初めて実施されたといわれ、沖縄でも米軍基地を通じて、レースが行われた。

た返した。小学校に上がるころ、母がAサインバーに働きに出始め、ホステスの日常を身近に見聞きした。

1970年、大学に入った年の12月20日。夜中に「貞夫、戦争だ！」と起こされた。カメラバッグを担いで外に出ると、夜空をヘリコプターがライトを照らして飛んでいた。街は赤く、目の前で車がひっくり返されていく。「戦争だと思った」

その日起こっていた「コザ騒動*」は米兵がウチナーンチュをはねた交通事故の処理をきっかけに、長年の住民の怒りに火が付いた出来事だった。数千人が米軍車両、米民間人の車約80台を焼き払った。

父・ダンに買ってもらったカメラを取り出した。が、フィルムが入っておらず写真は撮れなかった。

カメラマンの自分はいつも第三者。ウチナーンチュの怒りが自分に向けば「方言使って『ウチナーンチュだ』と言えばいい」。

用語解説

Aサイン アメリカ軍公認の飲食店や風俗店に与えられた営業許可書。取得すると、アメリカ兵らを相手に商売ができた。食の安全や性感染症防止が目的とされている。1950年代から沖縄が日本本土復帰する直前まで続いた。

コザ騒動 交通事故の処理を見ていた群衆から自然発生的に起こった騒動。背景には同年9月に米兵が主婦をひき殺した事件で12月11日、米兵に無罪判決が下ったことや毒ガス兵器の貯蔵が発覚などがある。事故処理を見ていた群衆からやじがあがり、憲兵が事故当事者の米兵を現場から退避させると住民らの怒りが頂点に達した。約6時間に及んだ騒動に加わった数は5千人とされ、被害車両75台、米軍人40人、地元住民14人など、計88人が負傷。琉球警察は476人、米側は198人を出動させて鎮圧した。群衆の一部は嘉手納基地内に進入。21人が現行犯で逮捕された。

コザの街を案内する大城貞夫さん。〝ハーフ〟を生かすのがコザに生きる自らの役目という＝2013年12月6日、沖縄市のゲート通り

「半分、アメリカ人」という自覚もあり、父と同じアメリカ人に親しみがある。〝ハーフ〟として「いつも中立だと思っていた」。

群衆に見入りながら山里方面に進み、騒動の端に行き着いた。米兵たちがカービン銃をウチナーンチュに向けている光景が目に入り、衝撃が胸を揺さぶった。催涙弾が足元に転がってきた。米軍が民衆に撃っているものだった。「僕、暴動の仲間になっているんだ」。初めて、そして唯一そう感じた瞬間だった。

「ウチナーンチュの気持ちも、アメリカもどちらも分かる」と語る。ネオンの下で米兵とウチナーンチュが行き交ったコザ。赤く染まる街で米兵とウチナーンチュがにらみあったコザ――。

「違いは違いで認め合う。昼間どこかで基地反対を言って二手に分かれても、夜は一緒に飲む」。それがコザの街だ。政治や基地を生身の人間に押し付けない。「あれはあれ、これはこれ。君の意見はこうか、僕の意見はこうだ、と勝負をつけようとしない。違いを認める力がコザにはある」と言う。

父がつないだ〝ルーツ〟

30代のころと記憶している。ある日、大城貞夫さんは、金物屋で父ダンに出くわした。幼稚園のころから家に帰らなくなっていた父とは時々会っていたが、その日は「ハイ！」と声を掛けると、気まずそうな顔を返されたのを覚えている。「ダーン」と愛称で呼んでいた父は「優しくて、ひょうきん者だった」。そんな父が、大人になった息子に向けた表情の訳を貞夫さんは語る。

小学校1年生のある日のこと。母と園田から胡屋まで歩き、嘉手納基地とつながるゲート通り*の食堂の裏にあった民家に着いた。

玄関に父の靴もあったのだろう。出てきた女性と母が口論し始め、父が出てきた。「ケンカを見るのは面白くない」と思い、一歩下がって周りを見渡した。レンガ造りの製糖工場、一本の煙突。周囲の景色が今も頭にこびりついている。

父は「ふみこさん」と呼ばれたその女性と添い遂げ、25年前に亡くなった。*那覇市泊の外人墓地に眠る。

小学校1年生ごろの大城貞夫さんと父ダン。園田に建てた瓦屋の自宅前=1955年ごろ、沖縄市園田

父にはアメリカに妻と子ども2人がいたことは知っていた。「親父《おやじ》の素性とか、最期とか誰も分からんさあね。この女性が全部知っているんだろうな……」と長年思いを募らせていた。

昨年、一本の電話が

用語解説

ゲート通り　アメリカ軍嘉手納基地の第2ゲートから続く通り。かつてはAサインバーなどが建ち並び、現在もその名残で外国人相手の飲食店や風俗店、衣料店が並ぶ。外国人経営者も多い。アメリカ軍の事件や事故で門限規制が行われると、影響を受ける場所でもある。地元住民は「空港通り」、アメリカ軍関係者らは“Gate 2”と呼ぶこともある。異国情緒漂う場所となっている。

かかってきた。「私と会ってくれないね」。戸惑いが混じる一言一言にピンときた。「ふみこさん？」と聞くと、女性は「あいえーなー（大変だ）」と動揺した。

次の日、一緒に父の墓を訪れた。会った直後「あんたもダンと似て優しいね」と言われた。道中、父はアイルランド系のルーツを持つこと、アメリカにいる父の家族のこと、〝ふみこさん〟と父の出会い、父の最期を聞いた。高齢の〝ふみこさん〟に代わり、墓を見る約束をした。「泊の外人墓地に祭られている父の墓が僕らのルーツ。守っていく必要がある」と思っている。

父への嫌悪感はない。母は父と別れた後も「親父が見ているよ」「親父が喜んでいるよ」といつも父の存在を語っていた。「おふくろは親父を傷つけなかった。だから親父に『愛されている』とはっきり伝わった」と母への感謝を語る。

「親父が沖縄に来て、ぼくたちが出来上がっていった」。父ダンからつながる物語は、この後《あと》も続く……。

用語解説

那覇市泊の外人墓地　沖縄を訪れて、亡くなった外国人の墓地。交易や布教で沖縄を訪れた人や、ベトナム戦争で殉職したアメリカ兵などが埋葬されている。日本に開国を迫ったペリー提督が1853年に日米和親条約を締結する3カ月前に那覇へ初来航したことを伝える上陸記念碑も立つ。

森口 まり（うるま市）

父がつなげる「きょうだい」

24年前、森口まりさん（50）＝うるま市＝が沖縄市職員として就職したころだ。電話を切った母はしばらく呆然とした後に言った。「ダディ死んだよ」。当時のまりさんにとって、中学入学前に帰ってこなくなった父は「記憶の外。沖縄にいるかどうかも分からない」存在だった。

「もう死んだから言うんだけど」と母は続けた。「お兄さん、いるよ」

「はぁ?」と驚きを隠せなかった。母は「アメリカにもお兄さんとお姉さんいるよ」とも付け加えた。

その日、異母兄の大城貞夫さん（64）＝沖縄市＝の母親と話し合った母は、まりさんにきょうだいの存在を打ち明けた。

森口まりさん（左）と大城貞夫さん＝2015年３月28日、沖縄市美里のサイン沖縄

「うれしいというより、ややこしい」。まりさんは当時の心境を振り返る。

「妹がずっとほしかった」という貞夫さんの行動は速かった。役所勤めの知人に「ハーフの子を探して」と頼んだ。実際に自分でも沖縄市役所を訪れ「ハーフの方を呼んで」と探しもした。

きょうだいの存在を打ち明けられて1カ月足らず。まりさんは「会ったこともない。気持ちの整理もつかないうちに、いきなり職場に訪ねてこられては怖い」と動揺した。結局、貞夫さんがまりさんの家を訪ね、写真に写った子どもたちの顔を見て「きょうだいだ」と確信した。

年の離れた兄の第一印象は「気のいいおじさん」。以降、年末年始などで互いの家にあいさつに行くようになった。初めて会ったきょうだいとその家族で写真館に行き、記念写真を撮った。「やっぱりきょうだいっていいんだな」と思うようになった。

まりさんにとって「ダディ」、貞夫さんにとって「ダーン」の父の名は、ドナルド・アーレン。2人は一緒に父のルーツを追っている。

この3年以内の出来事だ。まりさんの弟が那覇市泊の外人墓地を訪れた時、「ダディ」と言いながら花を手向ける子連れの女性を見掛けた。2人が帰った後、父の墓の前に花が置いてあった。

「もしかしたら、他にもきょうだいがいるかもしれない」。父がつなげるきょうだいの存在に期待と驚きを覚える。そしてまりさんは妹かもしれない女性が、この本を読んでいるかもしれないと言って呼び掛けた。「楽しい家族だよ。楽しいきょうだいだから安心して」

「復帰メダル」1人もらえず

1972年5月15日、沖縄が本土復帰する日。越来小学校2年生だった森口まりさんは、その日を思い起こす。あの日、米軍基地内で働いていた母は朝、「学校を休みなさい。あなたは家にいなさい」と言った。言われるまま学校を休んだ。翌日、学校に行くと同級生が10

正月に着物を着る森口まりさん（右）と弟の幸三さん＝1970年1月1日

円玉のようなコインを持っていた。友だちは「昨日、先生からもらったよ。まーりーももらえるよ。みんなにあるって言っていたよ」と教えてくれた。

「先生、まーりーのは?」そうたずねると「あなたにはないよ」。それ以上、何も聞かなかったが担任は返事をする前に一瞬、何か考えるように止まっていたことを覚えている。大人になって知ったそのコインは「復帰記念メダル」*だった。

メダルは、日本政府が沖縄の本土復帰を記念して県内の小中学生20万人

用語解説

復帰記念メダル　日本政府が、沖縄の復帰を記念して用意した。当初は5月15日までに小、中学校の児童生徒たちに配られる予定だったが、沖縄県教職員組合の反対で那覇市内の学校では配られず、北部、中部、南部の学校では教育委員会から学校へ渡ったが、生徒に渡らず返上されたものもあり、対応はまちまちとなった。メダルの配布について「配るべきだ」など議論も起こった。

に配ろうとしたものだ。だが「基地なき本土復帰」を目指す運動が盛んだった沖縄では、基地を残したままの復帰に反発の声が上がった。復帰当日、沖縄では「復帰反対集会」*も起こった。メダルは、現場の教師たちが返したり、受け取らなかったりし、結局10万枚は配られなかったと言われている。

あの日、なぜ母に学校を休むように言われたかは分からない。担任の「あなたにはないよ」という言葉を思い出すと「今でも苦しい」。「私は日本国籍。できることなら今でもコインをちょうだいと思う」と笑いながらも、強い思いがある。

思えば小学校1年生の時、同じ学級の子が急に机に飛び乗って「アメリカ人は出て行けー」と拳を突き上げた。まわりの友だちが「まーりーが何したの?」とその子を引きずり下ろした。「結局、やられているだけじゃなく、私は守ってもらってもいる」と話す。「あの当時、復帰運動が盛り上がるのは沖縄として当然。ただそれが子どもだった私に向け

用語解説

復帰反対集会　復帰協(沖縄県祖国復帰協議会)主催の「沖縄処分抗議・佐藤内閣打倒5・15県民総決起大会」。地元住民や労働組合関係者、反戦を訴えるアメリカ兵など約1万人が参加し、政府が主催した復帰記念式典が行われる那覇市民会館隣で開かれた。「①日米処分に基づく沖縄処分への抗議②自衛隊の沖縄配備反対③通過切り替えにともなう損失補償の要求④アメリカ帝国主義のベトナム侵略戦争への抗議」を決議し、デモをした。

られた時は何が何だか分からなかった」と複雑な思いは消えない。

あれから40年余りたった今、同じことは起きていないか——。「父親はアメリカ人、母親は沖縄、夫は日本の人。私はミックスされた家に生きている」と語るまりさん。「出会った〝ちゃんぷるー〟な仲間たちに感謝しながら前向きに進みたい」。まりさんの思いだ。

宮城 智美（名護市）

娘まで「見た目」で差別

「入学式シーズンになると思い出す」と切り出した宮城智美さん（42）＝名護市＝は教育現場に訴える。「髪の色や肌の色、目の色で偏見と差別をしてほしくない」

2年前の春。県立高校に入学した娘は、髪の色で指摘を受けた。沖縄県内では校則で染髪を禁止する学校が多い。「髪の色は黒」という前提に立ち、髪色が明るい生徒は「地毛申請書」で、自分の本来の色だと学校に報告する。

「実の父を知らない」と智美さんは話す。ベトナム戦争時代、沖縄やベトナムを行き来したコースト・ガード（アメリカ沿岸警備隊）に所属する父と、母の間に生まれた。娘は祖父母が外国人に当たる〝クオーター〟だ。地毛申請書には「親である私が混血であるため、髪の色は娘にも遺伝している」と記した。

だが、夏休みに娘が当番で学校に行った時のこと。太陽の下で髪色の検査が行われた。担当教師は「茶色い」と指摘した。「地毛を登録していますよ」と言っても「確認が取れていない」と取り合わなかった。

娘は国民体育大会への出場を控えていた。教師は娘に「国体に出るから黒に染めないといけない」とも話した。「髪は（赤く）染めているわけじゃない」「幼いころから大会に出ていて、全国の先生にも知られている」と反論した。

「生まれ持ったものを否定してほしくない」と思いを話す宮城智美さん＝2015年３月31日、名護市内

母娘は学校に呼ばれ、話し合いが行われた。幼いころからの写真も見せた。学校は地毛登録を確認した。だが結局、娘は国体に出た後、部活を辞めた。

規律は生徒の価値観にも影響する。「髪色が明るい、威張っていると先輩に目を付けられる。周りには『髪を染めても人種を言い訳できるからいいよね』と言われる」と娘は話す。

〝ハーフ〟や〝クオーター〟に対する社会のイメージ。学校社会で「こうあるべき」と当然視される見た目。そのひずみを娘が受けている。「悔しかった。自分だけ差別を受けるのかな？　と思ったら、子どもまでこんな思いをさせられるのかって……」

智美さんは言葉をつなげた。

「基地、戦争を教える前に、戦争が残した産物として生まれた一人ひとりの尊厳を尊重してほしい」

戦後70年、教育現場と教師たちに求める母娘の言葉は重い。

上地 理奈（那覇市）

産んでくれた母に感謝

「子どもがいじめられて泣いている時は黙って抱きしめて聞いてあげてほしい」と話す上地理奈さん＝西原町の沖縄キリスト教短期大学

上地理奈さん（23）＝那覇市。中学校2年生までクリスチャンスクールに通い、さまざまな人種、文化を持つ人と学んだ。自宅に戻って一緒に遊ぶのは公立学校に通う友達。異なる環境で過ごし、時にはいじめに悩んだ理奈さんを、母はいつも受け入れた。

宜野湾市喜友名で生まれた。父

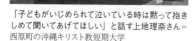

は「ネイビー（米海軍）」の兵士だったと聞いている。母は米軍基地内で働いていた。

幼稚園は母が北中城にあるクリスチャン・スクール「ニューライフアカデミー」に通わせることを決めた。日本人、外国人、自分と同じ〝ハーフ〟の人が一緒に学ぶ学校で互いが違うことは当たり前。学校で学ぶ聖書に「肌の色が違う色でも、みんな同じ人間」との教えもあり、理奈さんにとっても自然な感覚だった。

放課後。学校から地元・喜友名に戻った理奈さんは近所の子と、児童館のバスケットコートに行った。自然と地域の友達の輪も広がった。だが、肌の色や髪の毛のことでいじめられた。「汚い」と言われ、泣いて帰った。

「なんで自分はこうやっていじめられているの？」「なんで自分を産んだの？」。悩み、泣いて母を問い詰めたこともある。母はいつもテレビを黙って見つめ理奈さんの言葉を聞き、何も返さなかった。

やがて理奈さんが泣き疲れて眠りについた。今になって「自分が寝ている時、母は泣いていたかもしれない」と思う。

一度だけ、砂を掛けられて帰ってきたことがある。母は砂を掛けた友達の家に行き「色が違っても関係ない」と叱った。

幼いころを振り返り「1番うれしかったのは『産まなければよかった』と言われなかったこと」と理奈さんは言う。〝ハーフ〟の友達には周りの偏見ゆえ、「お母さんはハーフじゃないから分からない」「産まなければよかった」と言い合う親子もいると耳にする。

「産んでくれてありがとうと、守ってくれてありがとう。感謝していることもいっぱいある」と母への思いを語る。「親孝行できなかったのはごめん」と言葉を続け、今は亡き母と、3歳のころまで一緒に過ごした父の記憶をたどる。

深く刻んだ父と母の記憶

「お母さんは、お父さんは?」とよく聞かれるという上地理奈さん。「髪、肌の色はお父さん。性格や考え方はお母さん。最近、お母さんに似てきたねと言われる」と話す。「周りからは外国人と思われ、質問される。でも話すと『聞いてごめんね』って言われる。『父はアメリカで仕事をしているんじゃない?』とごまかすこともある」

父とは3歳まで一緒に過ごした。キャンプ・キンザーにある父の家によく泊まった。ビ

3歳のころの上地理奈さんと父フィリップさん。2度出した手紙に反応はないが「会いたい気持ちは今もある」＝1995年ごろ

デオや映画を一緒に見た。母と父が仲良く一緒に過ごしていた姿も目に浮かぶ。「あのころが一番楽しかった時期なのかな。お父さんもお母さんもいて」

　やがて会わなくなった父のことを母は「仕事でアメリカに行った」と話していた。母は「いつかお父さんに会う時のために」とクリスチャンスクールに理奈さんを入れた。学校で世界地図を習うと、父の出身地オハイオ州を指し「お父さんはこっちから来たんだよね」と聞いた。母は「今はこっちにいるよ」とカリフォルニアの場所を教えてくれた。

　小学校3年生のある日、友達に「お父さんはアメリカで働いている」と話すと、「それって離婚しているんじゃない？」と言われ、ケンカになった。家に帰り、母に問うと「離婚はしていないよ。結婚もしていない」という返事。「いつか自分が大きくなったら、詳しく聞こうと思っていた」

翌年、母に肝臓の病気が見つかり、理奈さんは母方の祖母と暮らした。小学校6年生の時、母の病状が急変した。「理奈に話したいことがある。お父さんのこと」と声を振り絞る母に、理奈さんは「元気になってからゆっくり聞くから」と答えた。これが母との最後の会話。母の口から父のことを聞くことはできなかった。

「フィリップ・ブラック、36歳」。父の名と当時の年齢が記された母子手帳や認知の書類は今もある。

「苦労したんだねって言われても苦労したつもりもない。たまたまこういう環境に育っただけだから」と言う。「はたから見たら不幸に見えるのかな？」と尋ねるように話し、言葉をつないだ。「自分でハッピーにすればいいだけだから」

シルビア・麻衣子・ブラック（北谷町）

子の生きる道　母が決断

1968年、沖縄を訪れた米兵と沖縄の女性が結婚した。翌年、2人の間に生まれたシルビア・麻衣子・ブラックさん（45）＝北谷町。

"I'm half Texas, I'm half Okinawan"（私の半分はテキサス、半分はウチナーンチュ）言葉には英語と日本語が交ざる。これが彼女のアイデンティティーだ。

父は米軍基地で働いていた母に一目ぼれするが、当時、米兵と外国人の結婚は簡単ではなかった。父方の祖母が、出身地テキサスの下院議員に手紙を書いて許可をもらった。アメリカや米軍基地内から家族や友人が来て祝福するなか、教会で式を挙げた。母はウエディングドレスを着た。当時にしては珍しい盛大な結婚式だった。

次の年、兵役を終えた父と共に生まれたばかりのシルビアさんと家族は渡米した。だが

4年後、妹が母のおなかにいるころ、両親は別居を選んだ。シルビアさんは母の故郷・沖縄に戻った。

"I miss my daddy" 那覇の若狭に住み始めたシルビアさんは「お父さんが恋しい」とねだり、母を号泣させた。次第に寂しさはなくなった。だが、母は日本語しか話さなくなったシルビアさんを見て焦った。

「周りのサポートがあったから幸せに生きられている」と語るシルビア・麻衣子・ブラックさん＝北谷町

言葉は拠点――。午前は那覇市開南のカトリック系幼稚園に、午後は宜野湾の真栄原にあったキングスクールに通う生活が始まった。

家は祖父母やいとこが住む12人の大家族。学校に行けば自分と同じ〝ハーフ〟や外国人の子が多い「自分の世界」だったと振り返る。

7歳の時、母といったん渡米した先で

両親は離婚した。同時に、毎年夏の3カ月間、テキサスの家族と過ごすように決めた。これが契機となり、シルビアさんはテキサスの大学に通う。

「母の愛情だった。母があの時、決断を下していなかったら、今の自分はないと思う」大人になり、国際離婚で子どもの親権や面会をめぐって問題もあると知った。自分の境遇を振り返って“I was lucky”と言い、夫と別れても子どもの生きる道を考えて決断した母を尊敬している。

そして、今の自分に大きく影響したアメリカと沖縄の家族のエピソードをつづる。

“ハーフ”が周りを変える

4歳でアメリカから沖縄に戻り、7歳からは毎年3カ月間アメリカで過ごしたシルビア・麻衣子・ブラックさん。身をもって感じた家族の愛について「ハーフの子だから、というわけではない。でも、ハーフの子だから余計に大事かもしれない」と語る。

父が付けた「ジーン」という名から沖縄でも「ジンちゃん」と呼ばれた。だが、沖縄の言葉で「ジン」が「金銭」を意味することから祖父は「お金と言っているみたい」と言い、

「麻衣子」という名を付けた。

当時の一枚の写真が残っている。写っているのはブランコに乗って寂しそうな表情をしたシルビアさん。日本語が話せず、いじめられ、友達ができなかった頃だ。ブランコは祖父が造ってくれた。「そこまでして愛してくれた」。写真から祖父の思いを感じる。

一方毎年夏、アメリカ・テキサスで過ごす時は「ジーン」と呼ばれた。沖縄が恋しくなり、ベッドの下に潜り込んで泣いていると、おじいちゃん、おばあちゃん、おじさん、おばさんが交互に潜り込んできた。

祖父が造ったブランコに乗る４歳ごろのシルビア・麻衣子・ブラックさん＝1973年ごろ、那覇市若狭

時々、祖父をからかいもした。"Hey Granpa, I'm your worse nightmare. I'm half your enermy"（ねぇ、おじいちゃん。私はあなたの悪夢だよね。私は半分、あなたの敵）

祖父は第二次世界大戦のころ、ハワイの真珠湾にいた。日本軍による真珠湾攻撃の2週間前に移動を命じられた。命は助かったが、多くの友人を亡くしていた。

「彼にとって本当は憎き日本軍でしょ。なのにベトナム戦争に取られた息子はオキナワンと結婚して初孫が生まれた」と言う。「ある意味、私が生まれたことによって小さな和解」。次第に祖父も家族もアンチ・ジャパンから日本好きに変わっていった。

「もちろん国際結婚に反対する家族の気持ちは分かる。私の母も反対されたから」と言う。だが、自分が自分らしく伸び伸びと生きてきたのは、親だけでなく、祖父母やおじさん、おばさんたちのサポートがあったからだ。〝ハーフ〟として生まれた子が周りを変える可能性もある。

「生まれてくる私たちはある意味、希望だとも思う」

ルーツばねに将来描く

父の地元アメリカ・テキサス州の大学に入学したシルビア・麻衣子・ブラックさん。大学在学中に通訳に抜てきされ、米下院議員の秘書をし、文部省の奨学生第1号として東京

シルビア・麻衣子・ブラックさん（右から２人目）と家族。子どもたちは「沖縄、日本、アメリカの懸け橋になりたい」と話す＝2015年５月10日、北谷町内

大学に移った。アメリカ人の夫と結婚し、９年前に沖縄に移り住んだ。

〝ハーフ〟を幸せに生き、周りの友人も「ハーフでラッキーだ」と思っている人が多かった。だが、沖縄に帰って「ハーフ」「ダブル」「アメリカ系ウチナーンチュ」と呼ばれ、もしくは自称して生きる人たちの現実を見て、考えた。

沖縄の言葉を残そうと活動する比嘉光龍さんに出会い、沖縄の歴史とウチナーグチを習った。「アメリカ系ウチナーンチュ」というアイデンティティーの彼と、同じアメリカ人と沖縄の人を親に持つ者同士、互いを語るようになった。彼はアメリカのルーツを持つが故に偏見や差別をぶつけられた過去を明かした。

その時、ある人の存在がフラッシュバックした。中学の時、那覇から宜野湾まで通ったバスで肩をたたいて、手紙をくれた子。公立学校のセーラー服を着ていた。彼女も〝ハーフ〟で、手紙には名前と電話番号と"I want to be friend"（友だちになりたい）と書いてあった。彼女は「自分は英語が全く分からない。お父さんも分からない」と言った。その後2、3度バスが一緒になり、何度か電話を掛け合ったが、次第に忙しくなって会うことも連絡を取り合うこともなくなった。

光龍さんと話し、"I could help her"（私は手助けできたのに）彼女を思い出して泣いた。自分だけ幸せに生きてきたような罪悪感（Survivor's Guilt）を感じた。

「いつか私と同じ環境で生まれた子をサポートするようなネットワークを立ち上げたい」と語る。奨学金の創設や、アメリカでの市民権を得るための活動などを描いて模索中だ。3人の子どもたちには「あなたと似たような子がいたら手を差し伸べて」と言い聞かせている。「それは何も『かわいそう』と思うことではない」

シルビアさんの思いは明確だ。子どもたちがママや家族から学ぶべきことは、人のことを決めつけないで、みんなと分け隔てなく接するということ。

内間 栄治（沖縄市）

自我の置き場所に苦悩

「自分の存在価値というか、置き場所をずっと求めている」と話す内間栄治さん＝2015年5月29日、沖縄市泡瀬

「本当にウチナーンチュとして見てくれる人は少ない。今も『合いの子』『ハーフやさやー』と言われる」と話す内間栄治さん（67）＝沖縄市。1948年生まれ、戦後沖縄と共に生きている。父は泡瀬に駐屯した部隊の米兵だった。母は部隊の食堂で働いていた。コザ十字路近くの祖母の姉の家で育った。

高校生のころ、コザはベトナム戦争景

気で沸いていた。Ａサインバーの通りは夜、米兵は黒人と白人の群れに分かれ、ごった返した。朝になると通りには裸で横たわる女性。十字路近くの小さな病院には連日、女性が押し掛けていた。日々、目にした売買春や暴行の影——。「ひどかったよ」と振り返る。

卒業後、浦添の勢理客にあった米軍のＶＦＷクラブ*で働いた。米軍基地の警備のため、銃を携えて牧港補給地区（キャンプ・キンザー）に立ったこともある。当時、冷凍保存され、車に収められた米兵の遺体を見たことがあった。ベトナムの戦場とつながる沖縄を見ていた。ＭＰ（憲兵隊）とパトカーで見回りに出ると米兵が女性を襲う場面にも出くわした。

そのような日々を送っていたころ、「コザ騒動」に直面した。その晩、現場近くのバーで飲んでいたのだ。「俺はどうすればいいのか」と葛藤した。

周りは自分をウチナーンチュでなく「アメリカー」として扱おうとする。佐敷村（現・南城市）で女の子が殺された事件で「外人風の人」の目撃情報があり、取り調べを受けるという苦い経験をしたばかりだ。それでも——。

用語解説

ＶＦＷクラブ　アメリカ軍関係者が通ったダンスクラブ・バー。現在も建物が残る。VWF は Veterans of Foreign Wars（退役軍人）のこと。

「当時の沖縄を考えると、ひどい状況だった」。最後はバーを飛び出し、騒動に加わった。心は晴れなかった。

沖縄と基地の境界線を生きるような人生を送ってきた。基地をめぐって表に出たのはコザ騒動だけだった。「今は米軍と沖縄の間のいざこざには入りたくない」

「生まれ育ちは沖縄。気持ちはウチナーンチュ。74%の基地が沖縄にある。こんな不合理はあっちゃいかん。辺野古*反対をしたい気持ちもある」と語る。「でも『いゃーや半分アメリカの血だろ』と言われたら、この気持ちをどこに持っていけばいい?」

複雑な思いの根っこには幼いころの経験が横たわる。

認められて初めて幸せ

沖縄で生まれ育った内間栄治さん。周りは今もアメリカ人の父譲りの風貌を見て、「英語を話せるか?」と聞いてくる。そのときは曽祖母譲りの

用語解説

辺野古　アメリカ軍普天間飛行場を、名護市辺野古にあるアメリカ軍キャンプ・シュワブの沖合に埋め立て地を造り移設する計画のこと。2014年の県知事選や世論調査で移設反対の意志が多数を占めるが、日本政府は埋め立て工事に向けた作業を進めている。市民による反対運動や沖縄県と日本政府の裁判が行われている。

カトリック教会の幼稚園に通っていた5歳ごろの内間栄治さん＝1953年

うちなーぐちで返す。「人は『何人か』ではなく、生まれた場所や環境によるものさ」という思いを強くする。

安慶田小学校2年生のころ、近所の子に「一緒に遊ぼう」と言っても、遊んでくれなかった。学校の行き帰り道もいつも一人。石を投げられたことは何度もあった。「あんたはアメリカだから帰れ」と言われた。中学生になると身長が伸び、体が大きい栄治さんに向かってくる者はいなかった。

「あのアメリカーは何も分からんよ」。成人して、職場で上司の陰口を偶然聞いたのは一度ではない。30代半ばまで本当に自分を認めてくれる職場を求めて歩いた。

ガス会社に転職し、猛勉強して県内で数少ないガス充填《じゅうてん》の免許取得者になった。機械レンタル業に転職し、一九八七年の海邦国体*の会場設営を仕切った。「顔や肌の色が違っても同じ人間。上に認めてもらって初めて、人は仕事にも精が出て、幸せをつかめる」と実感した。

〝ハーフ〟として生まれ、言葉の暴力で精神的に落ち込み、裏の道へ走った者も見た。自らも頑張りながら、親として〝クオーター〟の娘がいじめに遭った時は「相手を追い抜くのは言葉じゃないよ。勉強を頑張れ」と励ました。

〝ハーフ〟は特別視され、もてはやされる風潮もある。だが、仲間同士集まった時は、同じ境遇だからこそ察する複雑さもある。

「『出身はどこ?』とは聞くが『親はどうしている?』とか細かいことは聞かない。タブーだ。抱えているかもしれない苦しみを突くのは嫌だ」と言う。

自身も幼いころは気にしなかった父親の存在が、中学生になると保護者面談の時に気に掛かった。大人になった時、戸籍の空白欄を見て思いをはせた。

何度か諦めかけた父親を探し出し、対面したのは52歳になってからだった。

用語解説

海邦国体　1987年の第42回国民体育大会。日本本土復帰後、沖縄が初めて会場となった国体で、開催に合わせて道路や体育館などの会場が整備された。リゾートホテルなどの建設も進んだ。

父・マーケルさん（前列中央）や妹（後列中央）、めい（同左）と初対面した時の内間栄治さん（前列右）ら家族＝2000年9月、米オハイオ州

空白埋めた父との再会

２０００年春、内間栄治さんは、米兵の父を捜す活動などをしていた比嘉マリアさんの記事を見つけた。それまで何度も諦めた父親捜し。妻の勧めでマリアさんに連絡を取った。

マリアさんに紹介を受けたもう1人の〝ハーフ〟の女性「メリコさん」に、兵士姿の父の写真や名前が記された米兵のＩＤのコピーを預けた。1カ月後、メリコさんから電話があった。

「８００人いるよ」。退役軍人リストから栄治さんの父と同じ名前の人の数。年齢を推測して50人、父の出身地オハイオ州を伝えると1人に絞られた。メリコさんは、その1人に何度か電話をかけ「私の親の写真にあなたが写っている」「沖縄には行ったことがある？」と聞き、確信した。
そして9月――。栄治さんは妻と長女と3人でオハイオへ渡った。飛行機を降り「お父さん来ているよ」とメリコさんが言う先に、70歳を超えた父と家族が立っていた。「初めまして」と握手を交わした。「一度も会ったことのない人に『お父さん』と抱きつくのもね……」と戸惑いが混じった感覚を今も覚えている。

50年以上の空白を埋めるように、一つ屋根の下で一週間を過ごした。父は米兵として沖縄にいたころを語ってくれた。終戦後、泡瀬に駐屯した部隊の食堂で班長をしていたころ、ウエートレスをしていた栄治さんの母に出会い、英語を教えるうちに恋仲になった。1947年、父は母の妊娠を知らないまま沖縄を離れることになった。オハイオに戻り、4年の兵役を終えた。結婚して4人の子どもと妻と暮らした。

空白だった栄治さんの戸籍の父の欄には現在、マーケル・ウィリアムチャールズの名がある。「互いに何かしてあげたいという気持ちが強かった」と父親捜しを手伝った仲間に感謝を語る栄治さん。「親を知る手掛かりがない人もいる。だが、みんなに親とつながってほしい」と願う。

「なんでじじはアメリカなの?」。今、孫に聞かれた時、自らが歩んだ沖縄の戦後を振り返りながら「感謝しなさい、お前たちは。おじいたちの時代は大変だったよ……」とルーツを語って聞かせている。

親富祖 愛（本部町）

子を持ち　基地と対峙

米軍基地への意思表示も「自分のためにやっている。自分を解き放つために」と話す親富祖愛さん＝2015年2月19日、本部町

２０１５年2月、楽器を鳴らし、リズミカルに反戦を訴えながら国際通りを歩いたサウンドパレードに親富祖愛さん(32)＝本部町＝の姿があった。米兵だった父とウチナーンチュの母との間に生まれた。「基地は自分のルーツ」と語る愛さん。「基地問題は自分の中にずっとあるもの」と話し、自分なりの方法で米軍基地と対峙《たいじ》している。

1983年、金武町で理髪店を営んでいた母に米兵だった父が求婚し、結ばれた。4歳の時、父は米軍を辞め、米国へ強制送還された。

幼いころから「自分の肌の色について考える時も基地の存在はセットだった。常に」と言う。小学生の時、慰霊の日*が近づき、沖縄戦を学びながら「もし今、日本とアメリカが戦争したらどっちの味方につくんだろう」と幼い心で悩んだ。アメリカのルーツを持つ自分に罪悪感もあった。

20歳のころ、北谷で米兵の暴行を目撃し、通報。数時間後に警察に確認すると「そんな事件はなかった」と答えが返ってきた。沖縄市のバーで働き、米兵が起こすトラブルを見聞きするたびに疑問は募った。「やっぱり、なんで?と思うようになるよね。相手が100パーセント悪いと分かっていても捕まえられない。私もウチナーンチュとして怒るじゃん」

基地問題に関して行動し始めたのは3年前からだ。2人の子ども

用語解説

慰霊の日　第2次世界大戦で地上戦があった沖縄で命を落とした人々の霊を慰め、恒久平和を希求するために制定された日。沖縄における日本軍の組織的戦闘が終わったとされている1945年6月23日が定められた。沖縄県はこの日、沖縄全戦没者追悼式を糸満市摩文仁の平和祈念公園で開いている。県内の多くの学校では、慰霊の日に向けて平和学習の取り組みが行われる。

なお、組織的戦闘の終結は、日本陸軍第32軍（沖縄守備軍）の司令官・牛島満が自決したことをもって終結としてきたが、近年、牛島の自決は6月22日だったという説が有力となっている。

が生まれ、「やらないといけないことをやる時がきた」と思い立った。基地問題を解説する冊子『ピクニック』を仲間と作っている。「環境問題は基地問題につながる」と、夫婦で営む裁縫店で作る服や、食べる物も自然素材にこだわっている。

米軍基地への反対は自分の否定になるのか——。「そう考えると、一瞬自分だってシュンとなるけど、そこで『じゃあ黙って、基地を受け入れるか』と考えると違う」と言い切る。「だって(軍は)戦争産業だよね。人がどこかで苦しんでいる仕事なんて、なくていいと思う」

今でも時々、気持ちに整理がつかなくなる時はある。

「でも自分は、自分を生んだ親にどうこう言うのではなくて、自分の考えを基地に対してぶつけている」

人は一人で生まれない

国に戻った米軍人の父と4歳で離れた親富祖愛さん。クリスマス、誕生日、イースターと、ことあるごとに父はメッセージカードやプレゼントを送ってきた。手紙は愛さんと母に別にあり「小まめな人。愛情があった」と語る。一方で、英語で書かれて読めない手紙

父（左）が米国に送還される前日の親富祖愛さん親子＝1987年ごろ、金武町

を手に「何で沖縄に来ないんだろう」と思いは募った。やがて父にはアメリカで家族ができ、子どもがいることを知った。

中学校3年生の夏、父が沖縄に来た。「明日来るって」と言う母に、「えー？　いまさらー」と口にしながら渋々、迎えに行った。空港で会った瞬間、抱き合った。言葉と裏腹に、すぐさま父とハグ（抱擁）した自分を思い出し「おかしい」と笑うが、「会っていなかった期間が埋まったんだよね。めっちゃうれしかったのを覚えている」と話す。父は2カ月滞在した。英語は「練習だよ」とジェスチャーを交えて話した。

だが、帰国後、連絡がつかなくなった。教えてもらった電話番号もつながらない。手紙もこない。

高校生になった愛さんは授業で使うインターネットで父と異母きょうだいの名のつづりを打っては、情報を求め続けた。

昨年夏。インターネット交流サイトFacebookでいつものように異母きょうだいの名を検索した。出てきた写真にピンときた。「きょうだいじゃないわけがない」とメッセージを送った。3日後、妹から返信がきた。

父の番号を聞き、電話した。「気にはなっていたけど電話できなかった」「アメリカに子どもたちを置いて沖縄に行くことができなかった」と言う父を、愛さんは「いろいろ考えて気まずくなったんだ」と察した。今では互いに写真を見合い、話をしている。

振り返れば、子どものころにきた手紙は英語で読めず、電話では「ハロー」としか言葉を交わせなかった父は「抽象的な存在」だった。「だけど無視はできない。だから悩み続けた。気持ちをぶつける相手がいなかった」と言う。

自分も子どもを生み、娘や息子にも「おじい」の存在ができた今、考える。「私たちは何でルーツで悩むんだろうと思う。やっぱり人は一人で生まれてこないからかな」

7日にニヌファちゃんが生まれ、ティーダ君、ユンタちゃんと3人の子の親になった親富祖愛さんと大さん＝2015年7月8日、本部町

差別は武器に一番近い

中学校2年生の時、「自分を好きになる」という題の作文を書いた。親富祖愛さん。思春期、テレビでは白人が「かわいい」の象徴となり、周りの価値観も自然と染まっていく。アメリカ人の父譲りのカールした髪を「なるわけないのに、真っすぐになるのを想像したり、矯正したりした」。作文を書いて「それからかな。別にみんなと一緒じゃなくていいってやっと思えた」

〝ハーフ〟の子を避けていた。「気持ちが分かるから嫌。鏡を見ているようで」。先生がやたらと自分に気を使っているのを感じた。基地問題もハーフに対する偏見も「自分が大人になるころには変わっている」。そう思っていた。振り返って考える。「中途半端な教育だった。人種問題や黒人差別・白人主義を教科書でちらっとやって終わる。それが子どもに中途半端な感情を持たせてしまう」。大人になってそう気付いた。

「身近な人がハーフの子を産むかもしれないという想像力はないんだな」と相手に感じる瞬間がある。初対面で親のことを問い詰める人。「普通は信頼関係を積み重ね、ようやく聞けるものじゃない?」と心の中で怒りが募る。「ハーフいいなぁ」と口にする相手の心に〝ハーフ〟への好奇心が見える。「愛ちゃん、愛ちゃん」と気を使われると「かわいそうな子と思っているのかな?」と勘ぐる。

結婚して3人の子がいる。「あの子、絶対日本人じゃない。どこか(の血が)入っているんじゃない」と子どもを見て言う声が聞こえてがっかりする。「自分の問題が振り出しに戻った。また一からだ」

世界に視野を広げ、パレスチナとイスラエル、ルワンダのツチとフツの戦いなどを学んだ。「人種やルーツ、人の見掛けの差別は怒りに変えやすい。武器に一番近い人間の感情」

と思った。「その感情を利用している人がいる」とも言う。「自分より弱いところ、少数の意見」に向く偏見の構造を考える。

だから「人種のことをしっかり学校で教えてほしい。教育が今までと変わらない内容だったら、問題は変わらない」と愛さんは思う。「変えたい」という思いは、自らの生き方と子育ての原動力にもなっている。

幸地 ルシア（宜野湾市）

私はウチナーンチュ

「沖縄で育っているからウチナーンチュ」と話す幸地ルシアさん＝2015年7月12日、宜野湾市

「戦争体験者の人から、私のようなハーフはどう見えますか？」

6月、県内高校生が中心となって開催した「沖縄平和フォーラム」で、幸地ルシアさん（17）＝宜野湾市＝は沖縄戦の体験者に質問した。話を聞きながら、2年前の体験を思い出した。宜野湾高校に進み、夏休みに参加した福祉ボランティアで高齢者に言われた。

「あんた、アメリカーの血、入っているでしょ」

「はい」

「あっち行けー」

認知症が進んだ高齢者もいる施設だった。「仕方ないですよね」と優しく受け止めるが、苦い経験として心に残った。

1998年生まれ。メキシコ系アメリカ人で米兵だった父とウチナーンチュの母の間に生まれた。母は結婚をせず、シングルマザーとなることを選んだ。

2国のルーツを「ハーフ」「ダブル」と説明する。では自分は〝何人〟か。「真ん中?分かんないですよ」と首をかしげ、「沖縄の人だって思う。ずっと沖縄にいるし、沖縄で育っているから。ウチナーンチュ!」と笑う。

考えることや議論が好きだ。慰霊の日を前に戦争や平和を学ぶ授業もウチナーンチュとして勉強している。平和フォーラムの会場でも最前列で戦争体験者の講話を聴いた。

「一番前で聞いていると、私の存在が相手を傷つけていないか」と気になる。それでも戦争に対しては客観的な態度で向き合いたい。「私がハーフだからといって、『自分の先祖が戦争でこの人たちを傷つけた』と考えるより、『人間はどうして争わずにいられないのかな』と思うんですよ」

沖縄戦と米軍基地のつながりは分かる。しかし、基地を介して父と母が出会い、自分が生まれたということを深く問い詰めることはしない。「自分はこうやって生まれてきたんだから」と堂々としていたい。それができるのも母のおかげで「強くなれたから」。

高校3年生。「いろんな意見を持っている人が仲良くしてほしい」と思う。そのためにも「もっと議論をしたい」。〝自分だから〟できることは何か。大学で学び、周りに力を与えられる人になりたいと目標を掲げている。

気持ち、形で伝えたい

幸地ルシアさんが中学校1年生の時、クラスメートに父の名を聞かれて教えると、それ以降、父の名を連呼されるようになった。「会ったこともない人。嫌じゃないですか」と今でも嫌悪感が募る。

米兵だったメキシコ系アメリカ人の父と、ウチナーンチュの母の間に生まれた。シング

3歳ごろの幸地ルシアさん。6歳ごろまでは父親を恋しがったこともよくあった＝2001年、北谷町

ルマザーになると決めた母と、17年間、2人3脚でやってきた。だが周りはルシアさんに〝父の存在〟を押し付ける。

普天間第二小学校に入学したころ、6年生が毎日ルシアさんの元に来て「黒い」と言葉を投げつけた。ブランコに乗っていると「どけ」と言われ、読んでいた本は取り上げられた。母に相談した。「その子たちを連れてきなさい」と言った母に上級生たちは叱られ、いじめはなくなった。最近になって当時の話を母にした。母も外国にルーツを持つクオーターだった。「いじめられたけど、誰にも助けを求められなかった。できることはしてあげたかったんだよ」と振り返って語った。

一方で、友達のように仲がいい母にも言わなかったこともある。生まれ持った肌の色や髪型のこと。2年ほど前まで気にしていた。中学校1年生の時にかけた、カールした髪をまっすぐにするストレートパーマは「人生で一番の後悔。そのままにしておけばよかった」と悔やむ。悩んでいた時は「周りが（肌の色が）白かったから。髪もみんなと同じになりたかった」

父の存在を意識しなかったわけではない。「小さい時は『お父さんに会いたい』と言って、お母さんを困らせた」。テレビで、父親が子どもを肩車したり、親子3人で手をつないだりする場面をうらやむルシアさんを見て、母が肩車してくれることもあった。

父の写真を見て「カッコイイ。会ってみたい」と思った時もあったが、最近、母の友人がアメリカで会ったルシアさんの父の写真を送ってきた時「会わなくていい」と感じた。

今は、高校生なりに感じていることがある。人を喜ばせもするし、傷つけもする言葉の大切さ、いじめに対する教育の不足。アイデンティティーはウチナーンチュだが「ハーフとして経験した、ハーフやダブルと呼ばれる人にしか分からない気持ちは形にして伝えたい」

比嘉 マリア（うるま市）

〝ハーフ〟への視線にもがく

2度の改名、10歳の時、日本国籍を取得。捜し当てた父と自分に向き合うにつれ、混乱する感情。周囲の視線にもがき、「なんで」という反発と疑問が湧き上がる。比嘉マリアさん（46）＝うるま市出身＝は〝ハーフ〟と向き合う準備ができた今、1つ1つを振り返る。

旧具志川市立川崎小学校6年生になる直前、養父が仕事中に命を落とした。養父は、当時「理恵」という名前だったマリアさんに「生みの父親を捜して会わせてやりたい。大きくなった時に『アメリカのどの州の子ども』と言えるようにしたい」と願った。

養父の思いを知った「理恵」は感動した。「私のことをこんなに考えている。実の父親は私の命に関わろうとしなかった。あまりに無責任」。会ったこともない米兵だった父に「養父にわびてほしい」と思った。

7年後、前原高校3年生の時に父がいるアメリカに向かった。再会し、抱き合ったが「あんたは私のこと考えたことあるの？」と最初から疑問をぶつけた。

初めてのアメリカ。「英語で受け答えできるかな」と不安でいっぱいだったが、どこに行っても「アジアから来た女の子」という扱いを受けた。親族にも「沖縄のカルチャー教えて」と言われた。「身内の端くれなんだから、アメリカを教えてくれてもいいんじゃないか」という思いが募った。

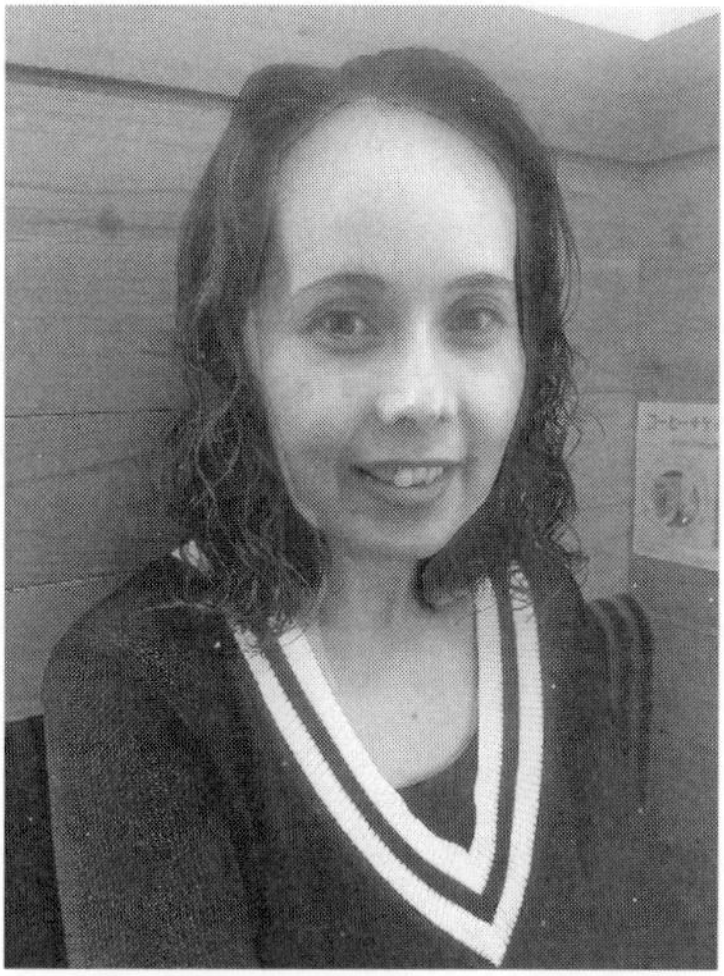

ハーフへの視線にもがき続けたという比嘉マリアさん＝2015年7月25日、静岡県内

父と会って、変わったことが一つあった。沖縄では「ハーフ」と呼ばれ、「父さんと母さん、どっちが外国人？」「アメリカに行ったことあるの」「英語はできるの」と問われてきた。ノーと答えると「かわいそう」という返事だった。

ところが、アメリカで父とその家族に

会ったことを伝えると「たいした娘さん」と言われるようになった。アメリカで〝よそ者〟扱いされ惨めな思いをしたのに、「父の素性を知っているだけで沖縄社会で少し浮かばれるって何?」。消化できない感情が湧いた。

帰国し、一週間もしないころ、父から手紙が届いた。「今の家族を大事にしたいから、あなたとのやりとりは負担が大きいので、これ以上の関わりはやめてほしい」

人隔てる基地のフェンス

「父はまた私を捨てた」。父から関わりを拒絶する手紙が届き、「理恵」という名前だった当時17歳の比嘉マリアさんはそう感じた。「アメリカなんか私の中から消えてしまえ」と思い、アメリカにいる祖父母との文通もやめた。父は母という沖縄の女性を汚して、子どもであるマリアさんの命に泥をはねるような男に見えた。「父は私という命に責任を取らない」と感じた。

生まれた時に父のサインがなく無国籍になった自分が、10歳の時に日本国籍を取得できたのは母が長年、裁判をしたからだ。

それなのに周りは〝ハーフ〟を産んだ母を「しっかりしていない人」と見る。「子どもから見れば父も母も同等なのに」と疑問を抱いた。「自分さえ生まれなければお母さんは苦労しなかったの?」と感じて、考えれば考えるほど「惨めさを背負って生きていくのはフェアじゃない」と思いが強くなった。

沖縄を訪れた父・リーさん(右)と再会した比嘉マリアさんと娘=2000年、沖縄県内

名前を「マリア」に変えたのは26歳のころだった。2度目の改名だ。10歳の時、養父が、実の父Lee(リー)さんから取った「リーエ」という名前に漢字をあて「理恵」に改名していたが、「日本人の普通の人と思ったのにアメリカーか」と言われるばかり。「この名は日本人に化けているんだ」と思った。「リーエ」は私を捨てた父にちなんだ名前でもあった。

30歳のころ、改名で生まれ直そうと考えた。〝ハーフ〟の仲間と「自分たちの問題」に向き合うようになった。多くが父親探しを望んだ。父の名のスペルを尋ねに、米軍基地の事務所に行ったこともあったが、「個人情報」が盾になり、知ることができなかった。

そんな時、仲間が根回しをして13年ぶりに父リーさんから連絡がきた。2000年のことだ。父はマリアさんに謝り、再会を果たしに沖縄へ来ることになった。昔、父がいた基地を見に、辺野古を訪れた。ゲートにいた米兵と楽しそうに話していた父が「娘に中を案内したい」と申し出ると、拒まれた。米兵だった父も基地に拒否された。

その時、マリアさんははっきりと意識し始めた。軍という特殊な存在と基地のフェンスが人を隔て、時に排除する。だから「〝基地ハーフ〟として生まれる子は、ハーフと違う問題も抱えるんだ」と。

「ハーフ」に温かい理解を

毎年6月、「慰霊の日」が近づくと、比嘉マリアさんは、戦争に参加したアメリカと沖縄の2人の祖父を思い、苦しくなった。米軍の事件が起きて「基地反対」の声が高まると「居場所がない」。集まって父親探しをした〝ハーフ〟の仲間もやがてバラバラになった。

２０００年、逃げるように沖縄を出た。静岡に来て感じた四季は精神的に追い詰められたマリアさんを癒やした。４年が過ぎ、「慰霊の日」を忘れていた自分がいた。「日本」にいれば「沖縄が犠牲になった戦争」も「沖縄の基地反対の声」も〝対岸の火事〟と感じる自分に「変な感じがした」。

17歳のころから何度もぶつかり、ようやく理解し合った比嘉マリアさんと父リーさん＝2007年、米国バージニア州

「『ハーフはいじめられてつらいよ』と言いたかったのかな。『ハーフって苦しいね、ウチナーンチュとして認められないね』って言ってもらえばよかった？」と自問自答した。

そしてこの１年。静岡から沖縄を見て、気づいた。アメリカと日本の間で「こんなに基地を押しつけられている」と訴える沖縄の姿が、沖縄社会と基地のはざまで「あなたたちは基地の人間。

部外者」と線を引かれ、米兵の父にも基地にもつながりがない〝ハーフ〟の姿に重なった。「基地ハーフの受難は沖縄の受難だと思うと、全てが腑《ふ》に落ちた」

親とのつながり、養育費や経済問題。言語、無国籍児の問題……。戦後、沖縄で〝ハーフ〟が抱えた問題が「全て個人の問題にされていないか」。マリアさんは問う。公的機関が米兵に養育費を請求するチャイルド・サポート*の協定さえ日米間にはない。「基地を置いた時の人道的な配慮が足りない。基地ハーフが抱える問題も、基地被害の一つ」。沖縄社会に知ってほしい。そして「同情ではなく温かい理解がほしい」

「戦後70年と、基地70年は一緒だよ」と語るマリアさん。来年、沖縄に帰ろうと考えている。「逃げない自分でいたいし、『ハーフだよ』と楽に言える社会の雰囲気があったらいい。もう70年。それくらい理解が進んでもいいはずじゃない？」と問い掛ける。「自分の人生をもって声を上げるから、もうそろそろ考えてみてもらえませんか？」

用語解説

チャイルドサポート　アメリカの養育費制度のこと。アメリカの多くの州で離婚後、子どもを手放した側の親が、子が18歳になるまで支払うよう定められている。日米間では2国間協定がないため、支払いに法的拘束力がない。沖縄でもアメリカ軍関係者と離婚した母親らが、経済的困窮に陥らないよう2国間協定の必要性が長年、議論されている。

ジャン 松元（宜野湾市）

写真と、父と

「見えない人なんだけど、なんかどっかで、すごい求めているんだと思う」と父の存在を語るジャン・松元さん

1962年、光が差し込む金武村（現・金武町）の鍾乳洞で撮られた1枚の写真。ジャン松元さん（55）＝宜野湾市＝は、被写体の女性のおなかの中にいる。下から仰ぐようにカメラを向けたのは母より7歳年下で当時19歳だった父だ。米海兵隊員で金武のキャンプハンセンに所属する通信兵だったと聞いている。画角の真ん中に傘を

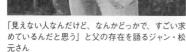

持ってたたずむ母と、その母にレンズを向けた父。「どの写真家が撮った写真よりも、好きな写真」。幸福感あふれる2人を感じ取れる。父の「写真眼」にほれ込んでもいる。

幼少期を過ごした沖縄へ、写真家ジャン松元として戻って来て15年がたつ。金武や名護市辺野古の街並み。コザの音楽、慰霊の日。亜熱帯の海や植物に囲まれ、結ばれる男女と誕生する命。被写体は多岐にわたる。名護市の海岸で大破して浮かぶ米海兵隊の「オスプレイ」や辺野古でずらっと並ぶ警察の機動隊にもレンズを向ける。

写真は自分に合った表現方法。「基地かもしれないし、基地から生まれてきた自分？基地はアメリカからきて、戦争があって、アメリカから父親が来て……。沖縄の移り変わり、風景……朽ちてなくなっていく風景でもあるし、人でもあり、米軍基地からの事象でもある」。ファインダーの枠外に連なる世界に意識を向けて壮大なテーマを捉え、またファインダーをのぞいて捕らえる。学生の頃「生活していけないよ」と大人に反対された写真に今「しがみついている」

生後8カ月の頃に別れた父とは、以来、会っていない。Facebookで"Find John's Dad"と父親探しのページを開いたのは2011年末の49歳の時だ。ページに載せた写真1枚1枚に、ドラマがある。たとえば、父に抱かれた生後8カ月のジャンさんの写真は「見ようによっては、すごい悲しそうな顔をしている写真。『もうお別れ』って」

幼い頃から、父が置いていったであろうカメラやキューブ式のフラッシュをおもちゃにしていた。家にあったモノクロネガを電灯に透かし、空想にふけった少年時代。母はよく父のことをのろけ、靴下をはかせてあげたり、ごはんをたくさん作ってあげたりした思い出を息子に語った。

「結局、愛していたんじゃないかな」と、一緒になることはなかった2人の恋愛と複雑な事情を、大人になった今なら察せられる。

離れても養育費を送ってきていた父。だが、母の後の交際相手は嫉妬して父の手紙を捨てた。手元には写真の裏に父が自分で勉強して書いた「べんつ」という名前しか、確たる情報が残っていない。

両親は「沖縄に住んで仕事をする」「アメリカに移り住もう」と一緒になる方法を話し合ったが、踏み切らなかった。ある日、母の手製の目玉焼きに珍しく箸を付けず家を出た父は、そのまま帰らなかった。「悲しくて悲しくて、そうするしかなかったんだよ」。生前の母はその日のことをジャンさんにこう語り継いだ。

母と学校のはざまで

「あんなの忘れたい」

父のことを「甘えん坊だったよ」とのろける母の言葉は、機嫌が悪い時は文句に変わった。「あんたのお父さんも、うそつきだったよ。あんたも似てうそつき」

戦後の復興が進まない1950年代、母は祖母と一緒に奄美大島から沖縄本島へ出稼ぎに来た。祖母と始めた商売はうまくいかず、借金は母が肩代わり。祖母は先に奄美へ帰っていった。

幼稚園生の夏頃まで沖縄本島に住んでいたジャンさん。那覇の街を歩いていると、小学校3、4年生くらいだろうか、年上の兄ちゃんたちに足を蹴られて倒された。「やなアメリカー」。とにかく1回りも2回りも体が大きかったという印象と、言われたことは鮮明に記憶にこびりついている。

息子をとりまく状況を目にし「奄美の方がましだよ」と思った母は、夏休みの間にジャンさんだけ奄美の祖母の元へ送ることを決めた。「要するに自分がいたら、働きづらいというのが真相なんだろうけど」と、今は解釈している。

奄美に行こうが、小学校に上がろうが、風当たりの強さは変わらなかった。島の家の近くに幼稚園があり、そこに集まった子どもに「アメリカー！」「アメリカー！」と石を投げつけられた。「あんたのお父さん、アメリカ人ね？」と大人に足を止められるのはしょっちゅうで、年上の子どもに呼び止められて、殴られもした。

小学校5年生の時の担任は「おまえは自己主張しすぎるからダメだ」と事あるごとに非難した。生徒と友達のような関係を築く、人気のある先生だ。「松元ははと胸だ。はと胸の人は早く死ぬぞ」と先生が言い出した時は、クラスメートにすぐ波及し「はと胸！はと胸！」とつるし上げられた。

冷静沈着で動じない態度はこの頃から培われていたかもしれない。「売られたけんかは話し合いで解決しようというタイプ」と言う。相手にやられながら事情を聞いてみると、親分格に「殴ってこい」と言われたという経緯を知り、「じゃあ」と互いに自分の顔をぶって痕を付けて、事を済ませる時もあった。集団でやられる時は、ただただやられっぱなし。

悪口を言われても言われても黙っていた。
決して学校を休むことはなく、やられた傷を自分の内側に蓄積させていった小学生時代。ある日、ぶち切れて「どうにでもなれ」という感覚で、親分格の子を倒して殴った。すると、いじめはピタッとやんだ。
「休むっていう行動を取っていたら、もうちょっと青年期とか、ゆとりのある人間になってたんだろうな」と50歳を過ぎた今、あの頃の自分を遠目に不思議に思っている。なぜ、休まず、行けたんだろう。

ゆがんだ社会と外へ開いていく自分

アイデンティティーを形づくる多感な時期、同級生や周りの大人から「アメリカに帰れ！」と言われれば言われるほど、「じゃあ自分はアメリカ人！」って強烈に思い込ませようとする意識が働いた。時折母から聞く、父への文句がすり込まれ「あいつのせいだ」と父を恨んだ。

進学した中学は校内暴力で、ひどく荒れていた。背がぐんと伸びたジャンさんは「ハーフだから」という理由で攻撃されることはなくなったが、「生意気だ」と呼び出されて暴力の対象になった。父の風貌を譲り受けた影響か「かっこいい」の対象になりもした。周りの変化に、引いた。

「じゃあアメリカ人になってやる」

大島高校に進学した頃、米軍のラジオ放送の電波を拾って音楽や英語にのめり込み、「日本を出たい」という思いが強くなった。おばが住むアメリカに行こうとしたが、結局、実行に移すことはないまま、時が過ぎた。

大人になっても差別は続いた。「ハーフだから」を理由に交際相手の親に結婚を反対され、「アメリカ人の子どもだから」と親戚の結婚式の出席を拒まれた。「情の人だった」母の存在を重く感じてきたのは20代の頃。「苦労したから助けてもらおう」という母の期待に反発し、疎遠になった。ずっと「いつかこの日がくる」とわかっておきながら、会うことはなく生き別れた。「今は、毎日仏壇に手を合わせている。亡くなってからしか素直になれない」と言葉に、無念さと切なさがこだまする。

◇　◇

ゆっくりゆっくり過去を整理して内にこもりがちだった自分が、外へ向き始めたのはこの10年くらいだ。今、一緒に生活している妻とその家族、そして「もういいや」と思えてきた年の功がそうさせたという。

２０１７年1月、父と母、自分の55年をここに打ち明けたのには意味がある。視点を現代に移し、自分の経験を踏まえると「今の病んだ社会がよく見える」とジャンさんは言う。特定の人種や宗教をやり玉に挙げながら大統領の座に就いたアメリカのトランプ氏。外来語だった「ヘイトスピーチ」がすっかり知られた日本社会。アジアの国をさげすみ、沖縄を揶揄する言葉が街宣車で、デモで、インターネット上で飛び交っている。

レンズを通して観察し、ニュースを見て「あぁ、自分がやられたことだなぁ」と、ひしひしと感じている自分に気づく。「トラウマとなって湧いてきたというより、なんか客観的に見ている自分がいる」

そういえば、絶え間ないいじめが続いた小学生時代に、2年生の頃か、1年間だけもう1人、〝ハーフ〟の子が奄美大島にやってきた。「サカエ・ジョージ君」。金髪で、青い目の男の子が机を並べてずっと隣に座っていた。その頃だけいじめられた記憶がない。思い出せない。「楽しかったから、いじめが見えなかっただけなのか。不思議」と笑みがこぼれる。

ちょっと異質なものを排除する。そこに同調する人も出てきて、その渦にみんなでなだれ込んでいく――。身近な人間関係だけでなく、社会や国、世界レベルで、この現象が大手を振るって表出してきているとジャンさんはいう。「そういう時代を考えるきっかけになればいい」

「アメリカ×沖縄」ルーツの14人が人生を打ち明ける意味は、あなたが、そして私たちが共に今、生きている社会に通じている。

新聞週間　記者の思い

2015年10月15日掲載

◆偏見と闘う　東江亜季子（中部支社報道部）／一人の人生を書く

米国と沖縄にルーツを持つ人たちのアイデンティティーなどについて話を聞く東江亜季子記者

米国と沖縄にルーツを持つ13人の体験や思いを連載「私のポジション　戦後70年　沖縄で」で紹介した。取材した人たちの多くは戦後沖縄に駐留した米軍兵の父と沖縄女性の元に生まれたが、日常的に差別された世代と、〝ハーフ〟の芸能人を普通に目にするようになった若い世代では体験や感覚の変化を感じた。

連載では肌や髪の色・形など、生まれ持った容姿への無理解を学校の「地毛申請制度」が助長したケースなども取り上げた。

連載企画のきっかけとなった「アメリカ系うちなーんちゅの会」のシンポジウム＝2014年12月、西原町の琉球大学

初対面の人の容姿を見て親について質問する軽率さ。「ハーフはバイリンガル」という偏ったイメージ。基地への反発と、個人への感情の混同——。取材の際、私自身、相手の指摘で偏見に気付き、落ち込んだこともあった。慎重に筆を執った。

育った環境で人は異なるという事実を受け止め、一緒に生きていくことの大切さも思い知らされた。基地問題への視線と、同じ社会で生きる人へのまなざしを分けて接することのできる力を持ちたいと思った。

「私のポジション」という題には「『ハーフ』『ダブル』として語られるイメージを壊し、一人の人生を書く」との思いを込めた。多様な人々が共生できる社会づくりのヒントになるような記事を今後も書き続けたい。

おわりに

『これから生まれてくる多様なルーツのある子の助けになりたい』と共鳴して集まったはずの「沖縄×アメリカ」ルーツの人たちが、互いにぶつかり合い、散っていく。取材を始めて約3年の間にそんな場面に何度も出くわし、何とも言えない苦しさを飲み込みました。

「お父さんを知っているからいいよね。私はどこの誰がお父さんかもわからない」

「あなたは英語が話せるから、気楽にそんなことが言えるんですよ」

「アメリカンスクールに通ったんでしょう？　いいなー」

「あっち側のハーフとは付き合わない。ん～考え方がやっぱり違うんだよね」

沖縄戦や米軍基地という歴史の延長線上で一組の男女のもとに生まれた「沖縄×アメリカ」ルーツの14人のライフヒストリーは、きわめて個人的な体験です。しかしそれは、私たちが抱くアメリカや米軍、米軍基地に対する感情と、日本社会で語られる〝ハーフ〟のイメージによって大きく揺さぶられてきました。
友達と話題にする「国際人」や「グローバル」、メディアにあふれる〝ハーフ〟。「ハーフ」と呼ばれない私たちが勝手に〝ハーフ〟像を作りあげ、その枠の中に彼ら〝ハーフ〟を閉じ込める。

取材を通して気づいてからは、「イメージを押し付けて、彼らを分断しているのは誰か?」と問いかけを1つ1つの記事に入れ込んで、伝えたい思いで必死でした。みなさんがウチアタイする場面は、あったでしょうか?

この本に登場する人たちの多くは、沖縄や母とのつながりが強い人です。米軍基地のフェンスの向こう側や、アメリカに取材が及べば、同じ「沖縄×アメリカ」

ルーツでもアメリカ人の父とのつながりが色濃くなり、もっと違う体験や価値観が広がると思います。

◇　◇

最後に〝私のポジション〟も明らかにしたいと思います。私がこのテーマに取り組み始めたのは記者2年目の23歳の頃。ダンスが好きで夜、クラブに繰り出し、踊りに行ったはずの私は〝箱〟の中で出会うアメリカ兵と沖縄の女性をぼーっと見ていることがありました。翌朝、「アメリカ系ウチナーンチュの会」に足を運び、アメリカ人と沖縄人の男女の間に生まれた人たちが経験した苦しい体験や葛藤、互いのぶつかり合いを目の当たりにした時、ずーんと沈みました。

「夜の世界と、この昼の世界が、どこかでつながっているかもしれない」

確信めいた感覚を持ちながらも、記者としてどんな描き方をしたらいいのかわからず、約1年、筆を執らずに時が過ぎていきました。

「一人一人の人生の軌跡を丁寧に書き込むことから始めるしかない。読んだ人にじっくりと、モヤモヤと考えてほしい」という思いで、半ば勢い任せで始めた連載。思い出したくない過去も、聞かれたくない家族のプライベートなことも、私に洗いざらい質問され、それを語ってくださったみなさん、本当にありがとうございます。一人一人に、社会に向けて語る使命や動機があったんだと受け止めています。

2016年、アメリカでは、人種や宗教の分断をはかるかのような主張を展開したトランプ氏が大統領選挙で勝利しました。圧倒的な力を持つ国のリーダーが、特定の宗教や国を敵国に見立てるイメージを作り、人々をあおって分断をもたらしています。

同じ年、私はアフリカ系アメリカ人のパートナーと一緒になりました。アメリカ国内で、白人警官による黒人の射殺事件が頻発した頃のある日、パートナーがその問題を語り始め、ショックで感情的になって泣き崩れました。私はその時、自分が想像していた以上の差別問題の根深さを突きつけられた気がして、落ち込みました。

この差別という事象は決して海外だけの問題ではなく、私たちが住む沖縄や日本の社会にも差別につながるような偏見、出身国や属性をひとくくりにするカテゴリー化がはびこっていると思うのです。

昔、取材した方に教えていただいた大切な言葉があります。

「意味のない区別は、いつか差別につながる」

「ハーフ」「ダブル」「ミックス」などの呼び名でくらなくてもいいように。個を大切にするために。

この本を通じて、伝えたかったことは他者の個人的な体験に踏み込む好奇心や羨望の目ではありません。他者への少しの慎重さや寛容さ、想像力です。温かな理解です。

多様なルーツの人や文化が異なる人が混ざり合って生きる優しい社会が広がり

ますように。

そう希望を持って、閉じさせていただきます。

終わりに、闘病中のなか「是非、子どものために自分の体験も聞いてほしい」と話しながら取材がかなわなかった金城美幸さん。新聞でどのような描き方をすればいいか迷っている私の相談相手であり、研究者として「沖縄×アメリカ」ルーツの人たちに長年寄り添ってきた石川直美さん。2人に、アメリカ系ウチナーンチュの会の人たちと一緒にこの本を捧げたいと思います。

2017年3月3日

琉球新報社記者　東江亜季子

東江亜季子
（あがりえ・あきこ）

1989年、沖縄県那覇市生まれ。琉球新報社。経営戦略局Rプロジェクトチーム勤務。
横浜国立大学教育人間科学部卒業後、2012年に株式会社琉球新報社入社。編集局文化部生活班、中部支社報道部、編集局NIE推進室を経て、現職。
LGBTなど多様性社会に関する取材や、新聞を使った主権者教育、メディアリテラシー講座の開発に取り組む。

わたしのポジション
「沖縄×アメリカ」ルーツを生きる
新報新書［8］

2017年4月20日　初版第1刷発行
著　者　東江亜季子　琉球新報社 編
発行者　富田　詢一
発行所　琉球新報社
〒900-0005
沖縄県那覇市天久905
電　話（098）865－5100
発　売　琉球プロジェクト
印刷所　新星出版株式会社

ISBN978-4-89742-216-9　C0236
定価はカバーに表示してあります。